…ONSES AUX QUESTIONS

DU

PROGRAMME DE PHILOSOPHIE

DU

BACCALAURÉAT ÈS SCIENCES

D'APRÈS LE DÉCRET DU 5 FÉVRIER 1881

par

E. DEGARD

LICENCIÉ ÈS LETTRES
PROFESSEUR DE PHILOSOPHIE

PARIS

…VILLE-MORANT ET FOUCART

Éditeurs

20, RUE DE LA SORBONNE

1886

Journal des EXAMENS de la SORBONNE

PARTIES COMPRENANT

LES ÉPREUVES ÉCRITES

ET

ORALES DU BACCALAURÉAT ÈS SCIENCES

paraissant tous les jours depuis 1860 par numéros de 4 pages in-8, pendant les sessions d'examen

Chaque numéro, publié le lendemain de chaque oral, donne : les énoncés des **compositions scientifiques** et le **texte** de la **version latine** correspondant aux épreuves écrites des candidats d'une même série, des questions posées à **l'oral** et les **noms des élèves reçus**. La feuille comprend, en outre, la **solution** et la discussion des problèmes par un professeur de Mathématiques, agrégé de l'Université, ainsi qu'un **corrigé** de la version latine, emprunté aux traductions les plus autorisées

ABONNEMENTS :

Pour la session d'avril 2 fr — Pour la session de juillet · 3 fr. — Pour la session de novembre · 3 fr. — Pour trois sessions consécutives . 6 fr.

VENTE

Voir les prix sur un catalogue spécial.

Imprimerie de l'Ouest, A. NEZAN, Mayenne.

EN VENTE A LA LIBRAIRIE

CROVILLE-MORANT ET FOUCART

20, Rue de la Sorbonne, PARIS

Recueils de **Versions latines** à l'usage des candidats au baccalauréat ès sciences, textes donnés aux examens de la Sorbonne, suivis de leur traduction

Recueil de 25 versions textes et traductions			0 75
—	50 —	—	1 25
—	75 —	—	2 00
—	100 —	—	2 50

J. COLLIN, ancien élève de l'École Polytechnique, professeur de mathématiques. **Traité d'algèbre élémentaire** à l'usage des candidats au Baccalauréat ès Sciences et aux Écoles du Gouvernement, 1 vol. in-8 de 316 pages . 5 »

R. P. SAUSSIL. **Algèbre élémentaire**, 1 vol. in 8 de 275 pages . 5 »

BODEMER, professeur agrégé au lycée d'Angoulême. **Construction de la courbe** $y = \frac{ax^2 + bx + c}{a'x^2 + b'x + c'}$ broc. in 8 1 50

J. ANDRÉ, ancien élève de l'École Polytechnique. **Cosmographie élémentaire** à l'usage des candidats aux baccalauréats, 1 vol. in-8 de 64 pages, avec 2 planches 1 75

MARCHAND. **Résumé de Trigonométrie**, ou recueil des formules de la Trigonométrie, brochure in-8 . . 0 40

CARVALLO, ancien élève de l'Ecole Polytechnique, agrégé des sciences mathématiques, professeur au lycée de Rennes **Leçons de statique**, 1 vol in-8, de 94 pag avec 81 fig dans le texte 2 »

MILTON **Le Paradis perdu**, chants I et II traduction littérale avec notes complémentaires imprimées en italiques et termes explicatifs renfermés entre parenthèses, par FAILLET, agrégé de l'Université, professeur d'anglais au lycée de Saint-Quentin in 12. . . . . . . 1 25

POPE **Essai sur la critique.** Traduction littérale, par FAILLET . . 1 »

LESSING, **Laocoon**, texte . . 0 60

GŒTHE, **Hermann et Dorothée**, texte. 0 60

SCHILLER, **Guillaume Tell** text 0 60

VUIBERT **Problèmes pour le Baccalauréat ès Sciences** tirés des sujets donnés par la Sorbonne et par les Facultés des Départements, contenant 225 problèmes résolus et 275 sujets proposés, in-8 3 50

Formules de mathématiques, physique, chimie 1 20

Baccalauréat ès Sciences restreint, feuilles d'examen, chaque numéro. 0 15

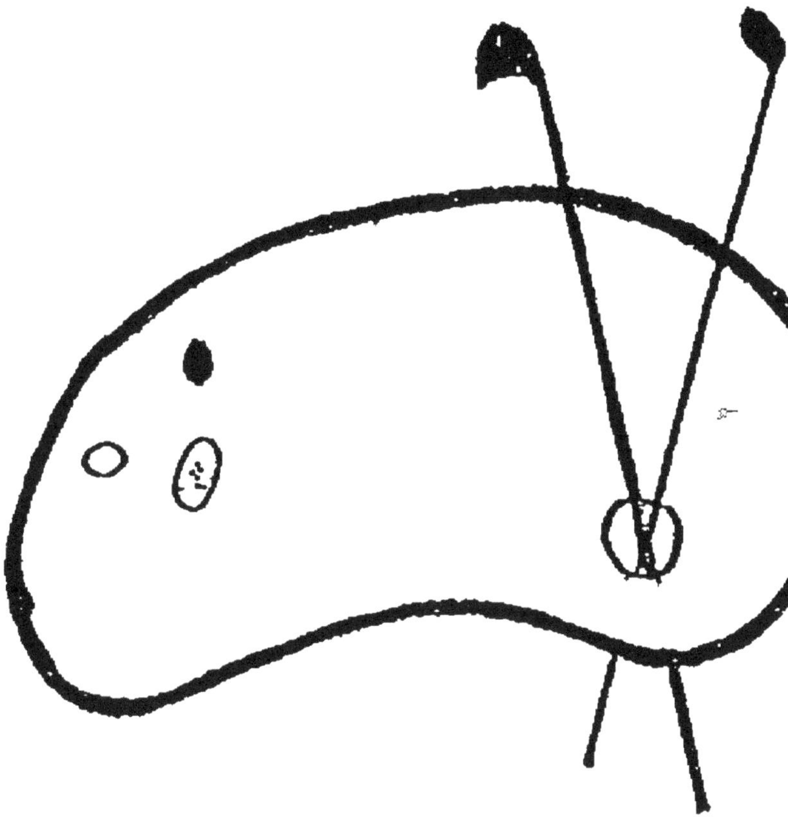

FIN D'UNE SERIE DE DOCUMENTS
EN COULEUR

RÉPONSES AUX QUESTIONS
DU
PROGRAMME DE PHILOSOPHIE
DU
BACCALAUREAT ÈS SCIENCES
D'APRÈS LE DÉCRET DU 5 FÉVRIER 1881

RÉPONSES AUX QUESTIONS

DU

PROGRAMME DE PHILOSOPHIE

DU

BACCALAURÉAT ÈS SCIENCES

D'APRÈS LE DÉCRET DU 5 FÉVRIER 1881

par

E. DEGARD

LICENCIÉ ÈS LETTRES

PROFESSEUR DE PHILOSOPHIE

PARIS

CROVILLE-MORANT ET FOUCART

Éditeurs

20, RUE DE LA SORBONNE

1886

RENVOI AUX PAGES DU MANUEL

DES PARAGRAPHES DU PROGRAMME

LOGIQUE

MORALE

ÉLÉMENTS DE LA MÉTHODE
OU LOGIQUE

Définir la logique? — On appelle logique la science des lois auxquelles doit se soumettre l'esprit humain dans la recherche de la vérité, ou, d'un mot, la science de la méthode.

Qu'est-ce que la vérité? l'erreur? Il ne faut pas confondre la *réalité* ou ce qui est, avec la *vérité* ou conformité de la pensée avec la réalité; l'*erreur* est l'accord incomplet de la pensée avec ce qui est. Distinguer l'erreur de l'*ignorance*, qui est l'absence de tout rapport entre la pensée et la réalité.

Division de la logique : — 1° Divers rapports de l'esprit avec la réalité : certitude, doute, opinion. Du signe (*criterium*) de la vérité ; — 2° Procédés généraux que suit l'esprit dans la recherche de la vérité, ou méthode générale ; — 3° Applications de ces procédés aux différentes sciences.

I

Définition de la certitude. — La *certitude* est l'état de l'esprit affirmant avec assurance sa conformité avec la réalité. La certitude ne comporte pas de degrés.

Du doute ; de l'opinion ? — Le *doute* ou l'incertitude est l'inquiétude de l'esprit insuffisamment éclairé pour juger entre plusieurs solutions conçues. — L'*opinion* est une affirmation mal assurée, et incomplètement motivée, plus proche de la certitude que du doute. — Le doute et l'opinion comportent de nombreux degrés.

Qu'appelle-t-on criterium de la vérité? Le *criterium* de la vérité est le signe distinctif auquel on la reconnaît.

Définir l'évidence? — Le *criterium*, c'est l'évidence. Lorsque l'esprit conçoit une vérité si clairement et si distinctement que « l'on n'ait aucune occasion de la mettre en doute » (Descartes), nous disons qu'elle est évidente. L'évidence que nous attribuons aux choses correspond à la certitude de l'esprit.

Qu'appelle-t-on probabilité? —

« La *probabilité* est le rapport du nombre des chances favorables à celui de toutes les chances possibles » (Laplace). Elle comporte par conséquent de nombreux degrés, comme l'opinion, à laquelle elle correspond dans l'esprit.

L'évidence réside-t-elle dans l'objet de connaissance, ou résulte-t-elle de la certitude? — L'évidence n'est pas dans les choses; la réalité *est*, et lorsque nous la connaissons avec évidence, c'est que notre esprit a fait les efforts nécessaires pour l'apercevoir. C'est donc dans l'esprit qu'il faut chercher les causes de l'évidence.

Des différentes espèces de certitude? — Il faut distinguer : 1° la certitude de fait (observation physique, et observation psychologique) ; 2° la certitude rationnelle ou métaphysique (on appelle *métaphysiques* toutes les vérités d un ordre supérieur à l'ordre des vérités de fait) ; 3° la certitude morale (adhésion de l'esprit au témoignage des hommes, conviction se rapportant à un fait non prouvé, assentiment aux vérités de l'ordre moral). — Ces différentes certitudes sont égales entre elles.

Qu'appelle-t-on certitude immédiate et certitude médiate? — Toute certitude obtenue directement par l'esprit (toutes celles que nous venons d'énumérer) est dite *immédiate*; la certitude *médiate* résulte d'un raisonnement.

Qu'est-ce que le scepticisme? — On appelle ainsi tout système reposant sur un doute absolu, et voulant interdire à la raison de rien affirmer.

II

Qu'appelle-t-on méthode? — On appelle *méthode* tout ensemble de procédés par lesquels l'esprit va sûrement à la découverte de la vérité.

Quels sont les procédés essentiels à toute méthode? — Les méthodes, quelles qu'elles soient, procèdent toujours par *analyse* et *synthèse*.

Définir l'analyse et la synthèse? — L'analyse est le procédé par lequel on décompose soit un objet en ses parties, soit une idée dans les idées plus simples qu'elle renferme; par elle, nous voyons la variété dans l'unité. — La synthèse n'est pas seulement l'addition, la recomposition des parties d'une chose ou d'une idée, elle nous fait connaître l'harmonie de ces parties; par elle, nous connaissons l'unité dans la variété.

Des différentes espèces de méthodes? — Il y a deux espèces de méthodes : 1° ou bien l'esprit cherche à trouver dans une vérité générale les vérités particulières qu'elle contient, par la méthode *déductive*; 2° ou bien l'esprit s'efforce de remonter des faits particuliers à la vérité générale, c'est-à-dire à la loi qui les explique; il emploie alors la méthode *inductive*.

Quelles sont les règles essentielles de la méthode? — De même qu'on trouve dans toute méthode des procédés essentiels communs, de même il y a aussi des règles communes qui s'appliquent également aux deux méthodes. Elles sont énoncées dans le *Discours de la méthode* de Descartes ; nous négligeons ici la première qui donne comme criterium de la vérité l'évidence; les autres, qui se rapportent plus particulièrement à la méthode, sont : — diviser les difficultés en autant de parcelles qu'il est nécessaire pour les mieux résoudre (analyse) ; — conduire par ordre ses pensées, en allant par degrés des objets les plus simples aux plus composés (synthèse) ; — faire partout des dénombrements si entiers et des revues si générales qu'on soit assuré de ne rien omettre (règles de l'analyse et de la synthèse).

Qu'est-ce que le raisonnement? — Chaque méthode est caractérisée par le *raisonnement* qui y domine. On appelle raisonnement l'opération par laquelle l'esprit découvre l'inconnu par le moyen du connu.

Différentes espèces de raisonnements? — Il y a deux formes de raisonnement : 1° le raisonnement déductif, par lequel nous tirons d'une vérité générale une conséquence particulière qui y est contenue; — 2° le raisonnement inductif, qui consiste à s'élever des faits particuliers aux lois générales qui les régissent.

Quelle différence et quel rapport entre telle méthode et le raisonnement correspondant? — Le raisonnement est le procédé considéré *théoriquement*; la méthode est l'application, dans la *pratique*, du raisonnement. La méthode règle donc l'emploi des divers procédés de l'esprit à tel ou tel ordre de recherches.

MÉTHODE DÉDUCTIVE

Procédés principaux de la méthode déductive? — Ce sont : A. la *définition*; B. le *syllogisme*.

A. — **Qu'est-ce qu'une définition?** — La *définition* est une proposition où l'attribut exprime clairement les caractères essentiels du sujet.

Qu'appelle-t-on définition de mot? définition de chose? — La définition de mot ou nominale consiste à préciser le sens d'un terme employé; — la définition de chose ou réelle sert à indiquer la nature d'un objet considéré en soi.

Quelles sont les règles de la définition? — 1° Toute définition se fait par le *genre prochain* et la *différence spécifique* ; c'est-à-dire doit faire rentrer l'objet à définir dans le groupe le plus voisin de l'individu (la définition est d'autant plus précise que le genre est moins général et moins éloigné), et désigner nettement par quels caractères particuliers il se distingue des autres individus du même groupe ; — 2° si la définition remplit ces conditions, elle s'applique à tout l'objet défini et au seul objet défini (*toti definito et soli definito convenit*) : elle est alors *complète* ; — 3° la définition sera dès lors *réciproque*, ou *convertible*, c'est-à-dire que l'attribut et le sujet étant équivalents, pourront être mis à la place l'un de l'autre. — Ajoutons qu'une définition doit toujours être *claire* et *courte*.

Du rôle de la définition dans la méthode déductive? — La définition est le point de départ du raisonnement deductif ; il est donc essentiel qu'elle ait les qualités que nous venons de dire pour qu'on puisse en tirer des conclusions vraies.

B. — **Qu'est-ce que le syllogisme?** — Le *syllogisme* est la forme type du raisonnement déductif. On appelle ainsi un enchaînement de trois propositions (ou jugements), tel que la troisième résulte nécessairement des deux premières. Exemple :

Tous les hommes sont sujets à se tromper ;

Or les rois sont des hommes ;

Donc les rois sont sujets à se tromper.

Quels sont les éléments d'un syllogisme? — Tout syllogisme renferme trois *propositions*, et trois *termes* répétés chacun deux fois.

(*a*). **Des termes?** — Le *grand terme* est le mot qui exprime l'idée la plus générale (*sujets à se tromper*) ; — le *petit terme* (*rois*) est celui qui a le moins d'extension ; — le *moyen terme* représente l'idée contenant le petit terme et étant contenue dans le grand (*hommes*). — Le grand terme et le petit terme ensemble s'appellent *extrêmes*.

(*b*). **Des propositions?** — La première s'appelle *majeure*, elle renferme à la fois le grand terme et le moyen terme ; — la seconde est la *mineure*, elle contient le petit terme et le moyen : toutes deux ensemble s'appellent *prémisses* (*præmissæ*, envoyées en avant pour préparer la conclusion). — La troisième s'appelle *conclusion* : elle exprime toujours le rapport cherché entre le petit terme et le grand terme.

Qu'appelle-t-on quantité et qualité des propositions ? — On distingue en logique les propositions (représentées par les symboles conventionnels suivants, pour plus de simplicité) : 1° au point de vue de la *qualité*, en affirmatives ou négatives ; 2° au point de vue de la *quantité*, en universelles ou particulières. Donc quatre sortes de propositions : universelles affirmatives (A), universelles négatives (E), particulières affirmatives (I), particulières négatives (O).

— Mécanisme de la déduction ?
— « Lorsque la seule considération de deux idées ne suffit pas pour faire juger si l'on doit affirmer ou nier l'une de l'autre, l'esprit a besoin de recourir à une troisième idée » (Port-Royal). Cette troisième idée est l'intermédiaire, le *moyen terme* entre les deux notions; elle doit être choisie de telle sorte qu'elle soit contenue dans l'idée la plus générale et contienne l'idée la moins générale. — Toute déduction repose donc sur ces deux principes : *Tout ce qui est dans le contenu est dans le contenant. — Tout ce qui est hors du contenu est*

hors du contenant; forme positive et négative d'un principe essentiel et fondamental de la raison, le principe d'*identité*.

Qu'appelle-t-on figures du syllogisme? — La place du moyen terme peut varier dans les prémisses; les quatre dispositions différentes qu'affectent ainsi les prémisses sont appelées *figures*. Appelons T le grand terme, *t* le petit terme, *m* le moyen terme, nous pouvons représenter les figures par ces quatre formules :

1re figure $\begin{cases} m & T \\ t & m \end{cases}$ 3e figure $\begin{cases} m & T \\ m & t \end{cases}$

2e figure $\begin{cases} T & m \\ t & m \end{cases}$ 4e figure $\begin{cases} T & m \\ m & t \end{cases}$

Qu'appelle-t-on modes du syllogisme? — Les *modes* du syllogisme sont déterminés par les diverses manières de grouper trois à trois les propositions, envisagées à la fois au point de vue de leur qualité et au point de vue de leur quantité. Ces différentes propositions (voy. page 20-21), peuvent se combiner entre elles de 64 manières différentes; ces 64 modes se trouvent répétés dans chacune des quatre figures, ce qui donne en tout 256 modes possibles *théoriquement*. Dix-neuf seulement sont concluants, c'est-à-dire légitimes ; les autres sont éliminés, parce qu'ils contreviennent à quelqu'une des règles auxquelles doit se soumettre tout syllogisme.

Quelles sont les règles du syllogisme? — Port-Royal donne 8 règles du syllogisme, qu'un philosophe anglais Hamilton, a réduites à 3 essentielles : 1° tout syllogisme renferme trois termes, ni plus ni moins ; — 2° la majeure doit être universelle et la mineure affirmative, afin que nous ayons à la fois un principe général, et les données de la question que le syllogisme doit résoudre ; — 3° la conclusion ne doit pas dépasser les prémisses.

De l'utilité du syllogisme ? — Le syllogisme n'étant que la déduction même sous sa forme la plus rigoureuse, il peut rendre les plus grands services pour analyser une vérité générale, ou pour découvrir le vice caché d'une argumentation, dégagée ainsi des formes oratoires ou littéraires, souvent incertaines et fuyantes. Le syllogisme est la forme la plus précise de la connaissance, et l'on a pu dire que le point de départ de toute recherche est un syllogisme idéal, et le terme un syllogisme exprimé.

De l'abus du syllogisme ? — Bacon (1) appelle la syllogistique une « philosophie disputeuse, frivole et vaine, qui a l'éclat et la fragilité des toiles d'araignées ». Ce reproche est justifié si l'on emploie à tout propos le syllogisme, qui fatigue et rebute l'esprit en le rendant subtil et stérile; il est plus justifié encore si on l'emploie hors de propos, comme on faisait au moyen âge pour les sciences de la nature

Quels sont les principaux raisonnements déductifs dérivés

---

(1) Philosophe anglais, 1561-1626.

du syllogisme ? — Le syllogisme n'a pas toujours la forme rigoureuse que nous avons décrite ; il est parfois resserré, parfois développé. Les principales formes dérivées du syllogisme sont : 1° *l'enthymème*, syllogisme où l'une des prémisses est sous-entendue; 2° *l'épichérème*, syllogisme dans lequel les prémisses sont accompagnées de leurs preuves ; 3° le *dilemme*, argument où les deux prémisses énoncent deux alternatives opposées conduisant à la même conclusion ; 4° le *sorite* est un enchaînement de propositions tel que l'attribut de la première devient le sujet de la seconde, et ainsi de suite jusqu'à la conclusion qui réunit le premier sujet et le dernier attribut ; 5° le *prosyllogisme* se compose de deux syllogismes réunis, la conclusion du premier devenant l'une des prémisses du second.

Qu'appelle-t-on sophisme? — Un sophisme est un faux raisonnement. — Nous n'avons à nous occuper ici que des sophismes de déduction.

Enumérer les principaux sophismes? — 1° *L'ignorance du sujet*, qui consiste à déplacer la question, et à démontrer autre chose que ce qu'on cherche, — 2° la *pétition de principe* suppose vrai ce qui est en question, et fait de ce qui est à démontrer le principe de la démonstration, — 3° le *cercle vicieux*, raisonnement dans lequel une proposition est prouvée par une autre qui s'appuie sur elle; — 4° l'*ambiguïté* *des termes* consiste à employer les mêmes termes avec des sens différents.

MÉTHODE INDUCTIVE

Quel sont les procédés de la méthode inductive ? — Nous avons défini la méthode inductive : indiquons les procédés dont elle se compose. Ce sont, dans leur ordre de succession naturelle : l'*observation*, l'*hypothèse*, l'*expérimentation*, l'*induction*, l'*analogie*, la *classification*.

A. **Qu'est-ce que l'observation ?** — Observer, c'est examiner attentivement la production d'un phénomène, et en noter avec soin les circonstances.

Des sens et des instruments? — L'existence d'organes sains et exercés est la première condition requise pour l'observation. Mais nos sens sont limités dans leur domaine, et par suite insuffisants; l'homme a donc inventé des instruments, dont l'emploi étend singulièrement le champ de ses découvertes, et la portée de ses sens.

Quelles sont les règles de l'observation? — L'observation doit être : 1° patiente et persévérante; — 2° dégagée de toute idée préconçue; — 3° précise et minutieuse; — 4° pénétrante, c'est à dire qu'elle doit aller droit à ce qu'il y a de principal et négliger l'accessoire et l'accidentel.

B. **Nécessité de l'hypothèse après l'observation?** — L'esprit a besoin de s'expliquer ce qu'il a vu, de déterminer la loi constante des phénomènes qu'il a constatés ; alors intervient l'*hypothèse.*

Définir l'hypothèse ? — L'hypothèse est une explication supposée et provisoire, un pressentiment plus ou moins vague de la loi cherchée, une idée directrice qui guide notre recherche des causes.

Quel est le rôle de l hypothèse dans la science ? — L'hypothèse n'est pas un *résultat* scientifique, elle est un *moyen* : son rôle est de susciter, de suggérer *telle ou telle* expérience pour vérifier l'hypothèse conçue ; car jamais le savant n'expérimente au hasard est sans but. « Une idée anticipée ou une hypothèse, voilà le point de départ de tout raisonnement expérimental » (Cl. Bernard). Retrancher l'hypothèse des procédés de la science, c'est interdire à l'esprit humain tout progrès.

Nommer quelques hypothèses célèbres? — L'hypothèse a donné lieu à de merveilleuses découvertes dans les sciences système de Copernic, — lois de Képler; — découverte de l'anneau de Saturne, par Huyghens; — découverte de la circulation du sang, par Harvey, — théorie de l'ascension des liquides (Torricelli et Pascal), etc.

Quelles sont les règles de l'hypothèse? — L'hypothèse ne doit pas être une pure fantaisie de l'esprit; elle doit être : 1° *possible*, c'est-à-dire d'accord avec les faits et la raison; — 2° elle doit rendre compte de toutes les circonstances du fait à expliquer; — 3° elle doit en rendre compte seule; — 4° l'hypothèse la plus simple est toujours la meilleure.

C. **Définir l'expérimentation?** — L'expérimentation est une observation *provoquée*, c'est-à-dire la production artificielle d'un phénomène dont nous déterminons et varions à notre gré les conditions.

Marquer la différence entre l'observation et l'expérimentation? — L'observateur est spectateur patient de la nature, l'expérimentateur l'interroge lui-même et la presse de questions.

Quel est le but de l'expérimentation? — Vérifier les hypothèses conçues; par là, l'homme est vraiment le conquérant de la nature.

Quel est son rôle? — Dans toutes les sciences où elle est possible, elle étend prodigieusement le domaine de la connaissance humaine; dans les sciences d'observation pure et simple (météorologie) les progrès sont beaucoup plus lents.

Quelles sont les règles de l'expérimentation? — 1° Il faut *varier* l'expérience, de crainte de laisser derrière soi des exceptions; — 2° il faut *étendre* et *pousser* l'expérience, de façon à bien connaître dans toute son étendue, la marche des phénomènes; — 3° il faut *renverser* l'expérience, c'est-à-dire la renouveler en sens inverse et dans des circonstances contraires, pour la vérifier (exemple : analyse et synthèse de l'eau); — 4° il faut *transporter* l'expérience, c'est-à-dire l'appliquer à des faits qui sont non plus de même nature, mais seulement analogues.

Qu'appelle-t-on tables de l'expérience? — Bacon veut qu'on enregistre les résultats de l'observation et de l'expérimentation dans des tables ou tableaux : 1° inscrire dans une *table de présence* les circonstances qui accompagnent le phénomène en question ; — 2° dresser une *table d'absence*, où l'on note les conditions qui disparaissent avec le fait étudié ; — 3° noter dans une *table de degré ou de comparaison*, celles qui croissent et décroissent en proportion de l'intensité du phénomène étudié (méthode des *variations concomitantes* de Stuart Mill) ; 4° Stuart Mill ajoute la *méthode des résidus* : « retran-

ÉLÉMENTS DE LA MORALE

Définir la morale? — On peut définir la morale *la science du devoir* ou *la science de la volonté*, indifféremment; car d'une part la science du devoir ne saurait rester exclusivement spéculative, et se désintéresser de la pratique; et d'autre part on ne peut étudier la volonté sans lui assigner comme fin l'accomplissement du devoir.

Quelle est l'utilité de la morale? — On a contesté l'utilité de la morale; Pascal : « La vraie morale se moque de la morale. » — Sans doute, la science morale ne suffit pas

ÉLÉMENTS DE LA MORALE

Définir la morale? — On peut définir la morale *la science du devoir* ou *la science de la volonté*, indifféremment, car d'une part la science du devoir ne saurait rester exclusivement spéculative, et se désintéresser de la pratique ; et d'autre part on ne peut étudier la volonté sans lui assigner comme fin l'accomplissement du devoir.

Quelle est l'utilité de la morale? — On a contesté l'utilité de la morale ; Pascal : « La vraie morale se moque de la morale. » — Sans doute, la science morale ne suffit pas à rendre vertueux; cependant, il est hors de doute : 1° que l'étude de la morale nous fait réfléchir sur nous-mêmes et élève notre cœur; 2° les améliorations sociales, les progrès de l'humanité, sont en raison de l'attention apportée aux études morales, 3° les epoques de décadence sont celles où la morale est méconnue et délaissée.

Divisions de la morale? — La morale se divise en deux grandes parties : 1° *Morale théorique*, ou détermination de la fin que notre volonté doit se proposer; c'est l'étude du devoir; 2° la *morale appliquée* ou *pratique*, qui étudie les formes diverses que peut revêtir le devoir, dans les circonstances de la vie.

I

Qu'est-ce que la conscience morale? — On appelle *conscience* en général la faculté qui nous fait nous connaître nous-mêmes et ce qui se passe en nous; — elle prend le nom de conscience morale : 1° lorsqu'elle porte un *jugement* sur notre conduite; 2° lorsqu'elle nous fait éprouver des *sentiments moraux* (satisfaction ou remords).

Quels sont les éléments du jugement de la conscience morale? — Deux éléments principaux sont nécessaires au jugement de la conscience morale : 1° notion de l'acte et de l'intention de l'acte; 2° conception d'une loi, ou règle qui sert à apprécier la valeur de l'acte.

A. Distinction du bien et du mal ? — Ce second élément n'est autre que la *distinction du bien* (conformité à la loi) *et du mal* (contravention à la loi), qui est le fond de toute conscience morale.

Quelle est l'origine de cette distinction ? — Diverses explications sont proposées sur l'origine de cette distinction : 1° l'*expérience*, fortifiée par l'habitude. Réponse : on ne rend pas compte par là du caractère universel et absolu qui appartient au bien ; — 2° une *convention* Réponse : comment les hommes auraient-ils eu l'idée de faire une telle convention ? — 3° l'*éducation*. Réponse : l'éducation ne crée rien, elle ne fait que diriger et développer ; — 4° la *volonté des législateurs*. Réponse : au-dessus des lois positives, il y a des lois *non écrites* (Socrate) par lesquelles s'expliquent les lois humaines, et qui sont gravées dans la conscience.

Autres éléments du jugement de la conscience? — Outre les deux éléments, l'un psychologique, l'autre rationnel, que nous avons signalés, il y a encore . 1° la notion de *l'obligation*, du *devoir*, à l'égard de la loi ; 2° celle de *mérite* et de *démérite*.

B **Différents motifs d'action?** — Mais les actes humains ne se présentent pas toujours avec les caractères de moralité que nous venons de signaler : l'accomplissement du bien n'est pas le seul motif de nos actions, il faut signaler aussi d'autres motifs antagonistes : le *plaisir*, *l'intérêt*, le *sentiment*.

Quelle est la valeur de ces motifs d'action ? — 1° Le plaisir ne saurait être la loi de notre vie ; la volupté laisse derrière elle un vide pénible, et engendre le remords ; en outre le plaisir n'est ni universel, ni obligatoire. — 2° Mêmes objections à faire à la morale de l'intérêt ; l'intérêt est relatif et individuel, il n'a aucune autorité pour ordonner, la valeur d'un acte se mesure à son désintéressement. — 3° Le sentiment qui accompagne l'acte n'en est que la conséquence, il ne saurait être le principe qui l'inspire . il ne vaut pas en effet par lui même, car il est par soi variable et individuel comme le plaisir et l'intérêt.

Du motif de l'obligation ? — L'*obligation* de réaliser la plus grande perfection possible, le *devoir* de nous identifier autant qu'il est en nous avec le bien absolu, possède seul, parmi les motifs de nos actions, les caractères requis pour être la loi de notre volonté. C'est la véritable loi morale.

Quels sont les caractères de la loi morale? — 1o *Universelle*, c'est à dire la même toujours et dans toutes les âmes ; — 2o elle est facile à comprendre, et *claire*, pour tout homme, dans toutes les conditions; — 3o elle est toujours *praticable*, car nous disposons toujours de notre volonté; — 4o elle est *absolue* et *inconditionnelle*, c'est-à dire qu'elle commande par son autorité propre, sans avoir recours ni aux menaces ni aux promesses de bonheur; elle est un commandement absolu (*impératif catégorique*, Kant) (1).

(*a*). **Définition du devoir par Kant?** — Agir par devoir, dit Kant, c'est agir en vue de la perfection même de notre acte : « Agis toujours comme si la maxime de ton action devait être érigée en loi universelle. »

Quelle est l'origine de la loi morale? — Cette perfection absolue, conçue par la raison comme l'idéal de notre volonté, ne peut être que l'attribut d'un être parfait ; elle est réalisée en Dieu seul. Il faut en effet distinguer le Bien absolu, ou la Perfection, et le bien moral, qui n'est que le degré de conformité plus ou

---

(1) Philosophe allemand, 1724-1804.

moins grande de notre conduite avec le bien.

(*b*). **Définir le droit?** — « Droit et devoir sont deux notions corrélatives qui se supposent et s'appellent réciproquement. » (Franck, *La Morale pour tous*). On peut, en effet, définir le droit, l'*inviolabilité de la personne morale dans l'usage qu'elle fait de ses facultés pour obéir au devoir.*

Montrer que le droit est subordonné au devoir? — On voit par là qu'entre les deux notions, la notion fondamentale est celle du devoir, le droit est en effet toujours proportionné au devoir et mesuré par lui; le droit est en quelque sorte la *réciproque* du devoir. « Ce que la loi m'ordonne de faire, ce qu'elle me prescrit comme un devoir, elle défend aux autres de l'empêcher » (Franck).

De la limitation réciproque des droits? — Tout conflit entre les droits est par là supprimé : en effet mon droit correspond, pour vous, à un devoir, et réciproquement : les droits ne peuvent ainsi empiéter les uns sur les autres, contenus qu'ils sont chacun par une limite commune, le devoir.

C. — **Qu'appelle-t-on sanctions de la loi morale?** — Une sanction est une peine ou une récompense attachées à l'exécution d'une loi, et instituées pour assurer son exécution.

De l'accord de la vertu et du bonheur? — C'est en effet une exigence de notre raison et de notre nature que la vertu soit récompensée et le vice puni.

La sanction supprime-t elle ou diminue-t-elle le caractère désintéressé de l'acte ? — Le désintéressement moral n'est en rien atteint par là : le châtiment et la récompense ne sont pas le *but* de l'acte, ils n'en sont que la *conséquence*, exigée par la justice, la loi morale serait une tyrannie injustifiable, si elle n'amenait à la suite la punition et la récompense.

Quelles sont les principales sanctions ? — 1° La sanction de la *conscience*, contentement de soi-même ou remords ; — 2° la *sanction naturelle*, ou conséquences bonnes ou mauvaises de notre conduite dès cette vie (santé ou maladie) ; — 3° la *sanc-*

tion sociale (opinion de nos semblables); — 4° la *sanction légale*, châtiments et récompenses effectifs édictés par les lois civiles ; — 5° la *sanction religieuse*, que nous réserve la vie future.

Quelle est la valeur respective de ces sanctions ? — Les sanctions *humaines* sont toutes plus ou moins imparfaites et insuffisantes ; elles ne doivent être considérées que comme des stimulants pour notre vie morale, elles ne peuvent prétendre à réaliser d'une manière définitive l'idéal de la justice que nous concevons. La sanction *religieuse* seule peut, dans une vie future, assurer d'une manière absolument équitable l'accord de la vertu et du bonheur.

II

Qu'est-ce que la morale pratique? — La morale pratique est la science des applications diverses que nous devons faire de la loi morale dans les différentes circonstances de la vie; la morale théorique est la *science du devoir*, la morale pratique la *science des devoirs.*

Quelle est la division de nos devoirs? — Sans doute, au fond, le devoir est un ; mais notre vie morale n'est pas, en quelque sorte, une vie égoïste : nous dépendons de Dieu, principe de tout être, et nous avons des rapports continuels avec les autres hommes. D'où trois catégories de devoirs : 1° envers Dieu ; — 2° envers nous-mêmes; — 3° envers nos semblables.

A. — **Des devoirs envers Dieu?** — La perfection étant, comme nous l'avons dit, réalisée en Dieu seul, et la loi de notre volonté étant de chercher à réaliser la perfection, on peut dire, en un sens, que nos devoirs envers Dieu résument tous nos devoirs. La pratique du bien est, en même temps, un hommage à Dieu.

Différentes formes de nos devoirs envers Dieu? — Les principales manifestations de nos devoirs envers Dieu sont : 1° la *prière* ou le *culte intérieur*, élévation de l'âme vers la perfection suprême; — 2° le *culte extérieur* ou *public*. « Si nous étions sages, que devrions-nous faire autre chose, en public et en particulier, que de célébrer la bonté divine et de lui rendre de solennelles actions de grâces ? » (Epictète).

B. — **Comment divise-t-on nos devoirs envers nous-mêmes ?** — L'homme étant composé d'un corps et d'une âme, il a des devoirs : 1° relatifs au corps ; 2° relatifs à l'âme.

(*a*). **Des devoirs envers le corps ?** — L'homme doit conserver sa vie, parce que son corps est un instrument au service de son âme, il ne faut donc satisfaire aux exigences du corps que comme à des fins secondaires et subordonnées.

Du suicide ? — Le suicide, malgré le caractère de grandeur apparente qu'il présente, est un acte immoral au premier chef. Nous sommes chacun comme un soldat placé à un poste : le suicide est une lâcheté, une désertion, parce que, en nous tuant, nous renonçons à l'accomplissement des devoirs qui nous sont imposés. « Détruire dans sa personne le sujet de la moralité, c'est, autant qu'il est en soi, faire disparaître la moralité même. » (Kant).

(*b*). **Classer nos devoirs envers notre âme?** — Il y a autant de catégories de devoirs envers notre âme qu'il y a en nous de facultés : 1° envers la sensibilité ; 2° envers l'intelligence ; 3° envers la volonté.

Devoirs envers la sensibilité? — Les stoïciens voulaient supprimer dans l'homme toute sensibilité, au profit de la seule raison. Mais les grandes pensées, comme l'a dit Vauvenargues, ne viennent-elles pas du cœur? Il ne faut donc pas étouffer en nous la sensibilité, mais la gouverner par la raison.

Devoirs envers l'intelligence? — L'homme a un besoin impérieux de connaître : par son intelligence il pénètre les mystères de l'univers, les merveilles de sa propre nature, les secrets sublimes de la perfection divine. Enfin la culture intellectuelle, malgré le paradoxe de J.-J. Rousseau, est une condition de la moralité.

Devoirs envers la volonté? — Nos devoirs envers la volonté sont les plus importants : son indépendance de plus en plus grande par sa soumission libre au bien, telle est la fin principale de notre vie, et celle à laquelle toutes les autres doivent être subordonnées.

C — **Comment se divisent nos devoirs envers nos semblables?** — Nos devoirs se distinguent en trois catégories, suivant l'étendue des groupes sociaux que nous considérons : 1° devoirs envers l'humanité ; — 2° devoirs envers la patrie ; — 3° devoirs envers la famille.

Plus nos rapports avec nos semblables sont étroits, plus nos devoirs à leur egard deviennent précis et exigeants.

(*a*) **Division de nos devoirs envers l'humanité?** — Nos devoirs envers nos semblables, en général, se distinguent en deux grandes classes : 1° Devoirs de *justice*, qui se résument dans le respect du droit d'autrui ; — 2° devoirs de *charité*, qui consistent à venir en aide à nos semblables, autant qu'il est en nous, pour favoriser l'accomplissement de leurs fins.

De l'obligation dans ces deux catégories de devoirs? — On distingue quelquefois ces deux sortes de devoirs, en donnant aux premiers, le nom de *devoirs stricts*, aux seconds, celui de *devoirs larges*. En réalité, ils sont les uns et les autres obligatoires; mais les premiers marquent la limite inférieure, et comme le minimum de la moralité; avec les devoirs de charité commence vraiment le mérite.

Principaux devoirs de justice : — 1° *Respecter la vie d'autrui* (exception pour le cas de *légitime défense*); double manquement à ce devoir dans le *duel*, où nous exposons à la fois la vie d'autrui et la nôtre, pour une réparation disproportionnée, illusoire et incertaine; — 2° *respecter la sensibilité* d'autrui; ne pas donner le mauvais exemple; — 3° *respecter l'intelligence* d'autrui; *véracité, tolérance*, etc; — 4° *respecter la liberté* d'autrui; donc condamnation de l'*esclavage*, du *servage*, des *servitudes sociales* que nous imposons aux autres en abusant de notre fortune, de notre influence..., etc.; — 5° *respect de la propriété* d'autrui, la propriété n'étant qu'une extension de la personne, par droit de conquête et de travail.

Formule générale des devoirs de justice, et des devoirs de charité? — 1° Ne pas faire à autrui ce que nous ne voudrions pas qu'on nous fit à nous-mêmes ; 2° agir envers autrui comme nous voudrions qu'on agît envers nous-mêmes.

(*b*). **Devoirs des citoyens envers l'Etat?** — Chaque citoyen, étant comme le membre d'un grand corps, doit contribuer pour sa part à la grandeur, à la prospérité, à l'honneur de sa patrie, obéir aux lois établies, se soumettre à toutes les charges nécessaires (impôt, service militaire), être prêt à sacrifier pour l'intérêt commun sa fortune et sa vie.

Devoirs de l'Etat envers les citoyens? — L'Etat doit, en retour, protection à la vie, à la propriété, à la liberté — sous toutes ses formes, des citoyens ; il doit favoriser le développement du bien être et de la moralité (commerce, industrie, instruction).

(c). **Importance des devoirs dans la famille ?** — Les devoirs dans la famille sont la meilleure école du devoir : responsabilité du chef de famille ; école de sympathie mutuelle, que nous n'avons plus qu'à étendre ensuite à la patrie et à l'humanité.

Quels sont les devoirs réciproques des époux ? — Le mariage étant non une association d'intérêts, mais l'union de deux cœurs, « les époux se doivent mutuellement fidélité, secours et assistance. » Le mari, chef de famille, a la plus grande responsabilité ; la femme doit obéissance à son mari, c'est-à-dire qu'elle doit apporter dans la maison la douceur et la paix.

Quels sont les devoirs des parents à l'égard des enfants ? —

1° Entretien de la vie du corps; — 2° instruction; — 3° éducation, bon exemple, bons conseils. La sévérité doit être tempérée par l'affection.

Quels sont les devoirs des enfants? — 1° Respect, soumission; plus par affection encore que par devoir. — 2° protection, aide et soutien dans la vieillesse.

Quels sont les devoirs des frères et des sœurs? — L'union, la concorde, l'affection la plus étroite, doivent régner entre les frères et sœurs, qui sont, dit Aristote, « pour ainsi dire une seule substance en des individus distincts. » — Souvenons-nous toujours que « un frère est un ami donné par la nature. »

III

Comment le problème de l'immortalité de l'âme se rattache-t-il à la morale ? — La sanction de la vie future, avons-nous dit, est la seule qui puisse établir d'une manière définitive l'accord entre la vertu et le bonheur, c'est la sanction par excellence. Il est donc indispensable de justifier en quelques mots cette croyance à l'immortalité de l'âme

L'immortalité ne peut être que personnelle ? — L'immortalité peut être entendue en plusieurs sens. Pour les panthéistes, qui font de Dieu le seul être véritable, l'immortalité de l'âme n'est qu'une vaine apparence, puisque nos âmes ne sont pas des êtres en soi, vivants d'une vie distincte. La seule véritable immortalité est l'immortalité de la *personne* qui prolonge au delà de cette vie terrestre sa destinée en continuant de rester le même être réel.

Quels sont les principaux arguments en faveur de l'immortalité de l'âme? — 1° « L'anéantissement d'un être est pour nous inconcevable » (Nicole); — 2° l'âme ne peut se dissoudre comme le corps, parce qu'elle est simple; — 3° toutes les aspirations de notre nature, — besoin insatiable d'émotions toujours plus grandes, de connaissances plus complètes, de perfections plus achevées, — dépassent l'horizon de cette vie. Comment expliquer ces aspirations, si elles ne doivent jamais aboutir? —

4° enfin la loi morale resterait sans satisfaction, la sanction serait toujours incomplète, si nous ne devions pas recevoir dans une autre vie le châtiment de nos fautes ou la récompense de nos mérites. Cette dernière preuve est la plus forte à faire valoir en faveur de l'immortalité de l'âme.

Imp. de l'Ouest, A. NEZAN, Mayenne.

www.ingramcontent.com/pod-product-compliance
Ingram Content Group UK Ltd.
Pitfield, Milton Keynes, MK11 3LW, UK
UKHW031947260826
14628UKWH00004B/1900

9 782019 703769